RH

Fiestas

Día de San Valentín

por Rebecca Pettiford

Bullfrog Books

Ideas para padres y maestros

Bullfrog Books permite a los niños practicar la lectura de texto informacional desde el nivel principiante. Repeticiones, palabras conocidas y descripciones en las imágenes ayudan a los lectores principiantes.

Antes de leer

- Hablen acerca de las fotografías. ¿Qué representan para ellos?
- Consulten juntos el glosario de fotografías. Lean las palabras y hablen de ellas.

Lean en libro

- "Caminen" a través del libro y observen las fotografías. Deje que el niño haga preguntas. Señale las descripciones en las imágenes.
- Lea el libro al niño, o deje que él o ella lo lea independientemente.

Después de leer

- Inspire a que el niño piense más. Pregunte: ¿Cómo celebras el Día de San Valentín? ¿Qué tipo de cosas puedes ver cuando es Día de San Valentín?

Bullfrog Books are published by Jump!
5357 Penn Avenue South
Minneapolis, MN 55419
www.jumplibrary.com

Library of Congress Cataloging-in-Publication Data

Pettiford, Rebecca.
 [Valentine's Day. Spanish]
 Día de San Valentín / por Rebecca Pettiford.
  pages cm. — (Fiestas)
 "Bullfrog Books are published by Jump!"
 Includes index.
 ISBN 978-1-62031-244-5 (hardcover: alk. paper) —
 ISBN 978-1-62496-331-5 (ebook)
 1. Valentine's Day—Juvenile literature. I. Title.
 GT4925.P4818 2016
 394.2618—dc23
                                    2015004053

Editor: Jenny Fretland VanVoorst
Series Designer: Ellen Huber
Book Designer: Lindaanne Donohoe
Photo Researcher: Jenny Fretland VanVoorst
Translator: RAM Translations

Photo Credits: All photos by Shutterstock except: iStock, 8–9; SuperStock, 5, 6–7, 10, 15, 18–19, 20–21, 23br; Thinkstock, 3, 4, 16–17, 24.

Printed in the United States of America at Corporate Graphics in North Mankato, Minnesota.

Tabla de contenido

¿Qué es el Día de San Valentín?

Día de San Valentín
es el 14 de febrero.

Mucha gente lo celebra.

¿Qué hacemos?

Regalamos cartas.

Damos regalos.

Demostramos amor
los unos a los otros.

Andrés escribe
una carta.

Tiene forma
de corazón.

Se la regala
a Sara.

Esta carta tiene
un Cupido en ella.

El Cupido es un
símbolo del amor.

Él tiene un arco y una flecha.

¡Cuidado!

Si te dispara, ¡Te enamoras!

Papá le regala
rosas a Mamá.

¡A ella le gustan!

Se besan.

12

¿Qué le regalaron a Eva?

Una caja en forma
de corazón.

Ella la abre.
¡Son chocolates!

15

Will ama a Luisa.

Le da un regalo.

¿Qué cosa tiene Nina?

Un regalo de
San Valentín.

Es para su mamá.

19

¡Feliz Día de San Valentín!

Los símbolos del Día de San Valentín

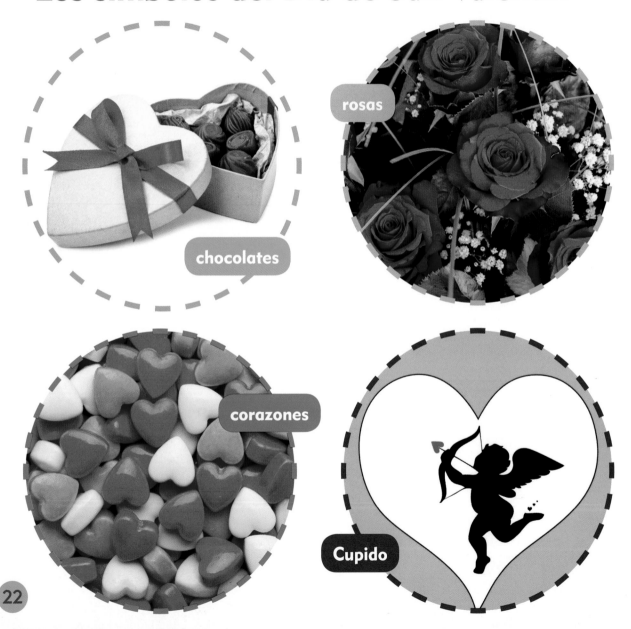

chocolates

rosas

corazones

Cupido

Glosario con fotografías

arco
Un pedazo de
madera curvo
desde donde
se dispara
una flecha.

**regalo de
San Valentín**
Un regalo o carta
que se le da a una
persona amada el
14 de febrero.

flecha
Palo filoso
que se dispara
de un arco.

símbolo
Un diseño,
objeto o figura
que representa
algo más.

Índice

Para aprender más

Aprender más es tan fácil como 1, 2, 3.

1) Visite www.factsurfer.com

2) Escriba "SanValentín" en la caja de búsqueda.

3) Haga clic en el botón "Surf" para obtener una lista de sitios web.

Con factsurfer.com, más información está a solo un clic de distancia.